EINFACH GUT

Frank Stein (Hrs

Kochen und Backen mit Käse

FALKEN

Kleine Käsekunde

Der Hauptbestandteil einer jeden Käsesorte ist Milch. Demzufolge enthält Käse hochwertiges Eiweiß, Fett sowie die Mineralstoffe und Vitamine des Ausgangsproduktes.
Die meisten Käsesorten sind aus Kuhmilch hergestellt. Aber auch Schafs-, Ziegen- und sogar Büffelmilch werden zur Käseherstellung genommen.
Bei uns in Deutschland gibt es etwa 600 verschiedene Sorten. Sie unterscheiden sich durch die Art der verwendeten Milch, die Beschaffenheit der Schimmelpilzkulturen, die Reifung und die Konsistenz.

Die Fettgehaltsstufe

Käse wird nicht nur nach Sorten, sondern von Fachleuten auch nach Gerinnungsart, Konsistenz, Trockenmasse und Fettgehalt eingestuft. Erst danach erfolgt die Einordnung in die einzelnen Sorten.
Dazu eine wichtige Anmerkung:
Die Käseverordnung schreibt vor, daß neben der Sortenbezeichnung auch noch der Fettgehalt der Trockenmasse für den Verbraucher angegeben werden muß. Sie unterscheidet acht Fettgehaltsstufen:
Doppelrahmstufe – mindestens 60 %, höchstens 85 % Fettgehalt i. Tr.;
Rahmstufe –
mindestens 50 % Fett i. Tr.;
Vollfettstufe –
mindestens 45 % Fett i. Tr.;
Fettstufe –
mindestens 40 % Fett i. Tr.;
Dreiviertelfettstufe –
mindestens 30 % Fett i. Tr.;
Halbfettstufe –
mindestens 20 % Fett i. Tr.;
Viertelfettstufe –
mindestens 10 % Fett i. Tr.;
Magerstufe –
weniger als 10 % Fett i. Tr.

Die Trockenmasse

Sie gibt den Anteil der Käsemasse (Fett, Eiweiß usw.) ohne den Wasseranteil an.
Eine Faustregel besagt: je fester ein Käse ist, umso höher ist seine Trockenmasse. Hartkäsesorten haben daher den höchsten Anteil an Trockenmasse. Warum ist sie für uns so wichtig?
Findet sich im Handel zum Beispiel die Bezeichnung „45 % Fett i. Tr.", könnte man meinen, daß der Käse einen absoluten Fettanteil von 45 % hat. Dem ist nicht so. Die Prozentangabe bezieht sich auf den verbleibenden Fettanteil, wenn dem Käse sämtliche Feuchtigkeit entzogen ist. Eben auf den Fettanteil in der Trockenmasse.

Die Konsistenz

In der Hauptsache wird die Käsefamilie nach der Streich- oder Schnittkonsistenz unterteilt.

<u>Frischkäse</u>
Darunter fallen alle Käsesorten, die keinen Reifungsprozeß benötigen: Quark, Schichtkäse, Hüttenkäse sowie streichfähiger Frischkäse. Hinter dem Begriff „Frischkäsezubereitung" verbirgt sich bei diesen Produkten ein festgelegter Anteil an käsefremden Stoffen: Früchte, Kräuter, Schinken, Salami, Gewürze, Gemüse oder Pilze.

<u>Weichkäse</u>
In der Gruppe der Weichkäse werden die weichen Labkäsesorten zusammengefaßt, deren Oberfläche mit einem feinen weichen Schimmel, wie bei Camembert, Romadur oder Brie, überzogen ist. Außerdem gehören auch Käse mit Rot- oder Gelbschmiere wie Harzer oder Mainzer Käse zu dieser Gruppe. Auch Ziegenkäsesorten und Weinkäse werden in diese Gruppe eingeordnet. Als junger Käse sind die genannten Sorten meist schnittfest.

Erst mit Beginn der Vollreife werden sie weich und fließend. Dann sind sie meist auch kräftiger im Geschmack.

Halbfester Schnittkäse
Zu dieser Kategorie werden die Sorten gezählt, die zwar eine weiche Konsistenz haben, aber auch geschnitten werden können. Wichtige Sorten sind Butterkäse, Weißlacker, Steinbuscher, Esrom und Edelpilzkäse wie Roquefort.

Schnittkäse
Dazu gehören Gouda, Tilsiter, Edamer, Geheimratskäse, Appenzeller, Trappistenkäse, Wilstermarschkäse und viele mehr. Diese Käsesorten werden meist als sogenannte Wagenräder, als Kugeln oder Blöcke vermarktet. Die natürliche Käserinde oder ein Überzug aus Wachs, Paraffin oder Folie schützen sie vor dem Austrocknen.

Hartkäse
Diese Käsesorten reifen am längsten und haben ein ausgeprägtes und intensives Aroma. Durch die erheblich längere Reifezeit sind sie meist teurer. International berühmte Käsesorten werden in diese Kategorie eingeordnet: Emmentaler, Parmesan, Chester, Cheddar, Greyerzer, Sbrinz, Stilton und viele andere. Alle Hartkäsesorten sind lange lagerfähig. Nicht vollständig ausgereift, lassen sich die Hartkäsesorten noch schneiden. Vollreif wird der Käse in Stücke gebrochen oder gerieben, deshalb werden die Sorten auch als Reibkäse bezeichnet.

Die Löcher im Käse

Wer hat sich nicht schon irgendwann gefragt, woher die unterschiedlich großen Löcher im Käse kommen. Natürlich werden sie nicht hineingeschossen, wie manche Kinder noch glauben.

Am häufigsten anzutreffen sind die Gärlöcher, die in unterschiedlicher Größe beim Reifen des Käses entstehen. Da im frischen Käseteig-Bruch immer ein gewisser Anteil Molke und Milchsäure eingeschlossen wird, können die Milchsäurebakterien bei der Reifung Kohlendioxid entwickeln. Diese natürlichen Gase treiben mehr oder minder große Löcher in die noch weichen Käsemasse. Wird ein Käse warm gereift, entstehen große Löcher, wie zum Beispiel beim Emmentaler. Bei niedrigen Reifetemperaturen entstehen kleine Löcher oder Schlitze, wie zum Beispiel beim Tilsiter. Die Löcher im Käse sind übrigens keine Zufallsprodukte, sondern durchaus gewollt, weil sortentypisch.

SALATE UND KLEINE GERICHTE

Für Salate oder kleine Gerichte ist Käse geradezu prädestiniert. Nicht nur die vielseitigen Zubereitungsmöglichkeiten, sondern auch die von mild bis herb reichenden Geschmacksnoten finden immer einen Liebhaber.

Deftiger Käse-Wurst-Salat

- Zubereitungszeit: ca. 1/4 Std.
- ca. 500 kcal je Portion
- Dazu paßt ein Baguettebrot

80 g Schinkenwurst am Stück
80 g Kaiserjagdwurst am Stück
60 g Rottaler-Käse oder Emmentaler
150 g Gewürzgurken aus dem Glas
1 große Zwiebel (ca. 100 g)
70 ml Weißweinessig
Salz
gemahlener weißer Pfeffer
1 Msp. Zucker
2 EL kaltgepreßtes Olivenöl
2 EL Schnittlauchröllchen

1. Die Wurst von der Pelle befreien, in Scheiben schneiden und diese halbieren. Den Käse in Stücke und die Gurken in dünne Scheiben schneiden.

2. Die Zwiebel in feine Ringe schneiden. Den Essig mit Salz, Pfeffer und Zucker verrühren und das Öl darunterschlagen. Die Marinade mit den Salatzutaten in einer Schüssel vermengen.

3. Den Salat auf Tellern anrichten, mit den Schnittlauchröllchen überstreuen und dann servieren.

Variationen:
Anstelle der Wurst können Sie auch 200 g gekochten, in kleine Würfel geschnittenen Vorderschinken verwenden. Wer es pikanter mag, kann anstatt Rottalerkäse auch Blauschimmelkäse nehmen. Sie können dem Salat durch die Zugabe von Bohnenkeimen, z. B. Soja- oder Mungobohnenkeime, und etwas Curry eine exotische Geschmacksnote geben. Sehr gut passen dazu auch in kleine Würfel geschnittene, gegarte Geflügelfleischreste.

Schnell • Würzig

Käse-Kartoffel-Salat

Zubereitungszeit: ca. 1 Std.

Zeit zum Marinieren: ca. 1/2 Std.

ca. 530 kcal je Portion

Dazu paßt ein paniertes Kotelett

200 g festkochende Kartoffeln
2 Tomaten
150 g junger Gouda
1 Frühlingszwiebel
3 EL Kräuteressig
4 EL kaltgepreßtes Olivenöl
Salz
gemahlener weißer Pfeffer

1. Die Kartoffeln in der Schale kochen, abgießen, abkühlen lassen, pellen und in dünne Scheiben schneiden. Die Tomaten von den Stielansätzen befreien und achteln. Den Gouda in Streifen schneiden. Die Frühlingszwiebel in feine Ringe schneiden.

2. Essig und Öl zu einer Marinade verrühren, diese mit Salz und Pfeffer abschmecken. Die Marinade in eine Schüssel geben, Kartoffeln, Tomaten, Käse und Frühlingszwiebelringe darin vorsichtig vermengen. Alles etwa eine 1/2 Stunde ziehen lassen.
(auf dem Foto: Mitte)

Endiviensalat mit Roquefort

Zubereitungszeit: ca. 1/2 Std.

ca. 400 kcal je Portion

Dazu paßt Vollkornbrot

1 kleiner Kopf Endiviensalat
150 g Roquefort-Käse
70 ml Weinessig
2 EL Olivenöl, 1 Msp. Zucker
Salz, gemahlener schwarzer Pfeffer

1. Den Endiviensalat in mundgerechte Stükke zerpflücken. Den Käse mit einer Gabel zerdrücken.

2. Aus Essig, Öl, Zucker, Salz und Pfeffer eine Marinade rühren Den Salat mit dem Käse vermengen und mit der Marinade überziehen.
(auf dem Foto: oben)

Bunter Käse-Chicorée-Salat

Zubereitungszeit: ca. 1/4 Std.

ca. 450 kcal je Portion

Dazu paßt dunkles Bauernbrot mit Butter

1 Chicorée
4–5 Radieschen
2 Tomaten
2 hartgekochte Eier
2 Scheiben gekochter Schinken
100 g Leerdamer-Käse in Scheiben
4 EL saure Sahne
2 EL Milch
Salz
gemahlener weißer Pfeffer
8–10 Walnußkernhälften

1. Die Chicoréeblätter einzeln abtrennen und auf zwei Tellern anrichten. Radieschen und Tomaten in Scheiben schneiden, dabei die Stielansätze aus den Tomaten herausschneiden. Die Eier vierteln und den Schinken in Streifen schneiden. Alles auf den Chicoréeblättern verteilen.

2. Die Leerdamerscheiben über den Salat geben. Die Sahne mit der Milch verrühren, mit Salz und Pfeffer abschmecken und über den Salat gießen. Zum Schluß das Ganze mit den Walnußhälften dekorieren.
(auf dem Foto: unten)

SCHNELL • FEIN-WÜRZIG

Käse-Salami-Salat

- Zubereitungszeit: ca. 1/2 Std.
- Zeit zum Marinieren: ca. 1 Std.
- ca. 390 kcal je Portion
- Dazu paßt Roggenbrot mit Butter

80 g Edamer
60 g Salami in Scheiben
1 kleine Zwiebel (ca. 50 g)
200 g Cornichons aus dem Glas
1 Apfel, 3 EL Kräuteressig
Salz, gemahlener weißer Pfeffer
etwas flüssiger Süßstoff
1 EL Pflanzenöl
1/2 Bund Schnittlauch

1. Den Käse und die Salami in Streifen, die Zwiebel in feine Ringe schneiden. Die Cornichons längs vierteln. Den Apfel schälen, halbieren, entkernen und würfeln.

2. Den Essig mit Salz, Pfeffer und etwas Süßstoff verrühren, dann das Öl darunterschlagen. Den Schnittlauch in Röllchen schneiden und unter die Marinade mischen.

3. Den Salat in eine Schüssel geben und die Marinade darübergießen. Alles gut vermengen und zugedeckt etwa 1 Stunde ziehen lassen.

SCHNELL · WÜRZIG

Käse-Apfel-Salat

- Für 2–3 Personen
- Zubereitungszeit: ca. 1/2 Std.
- ca. 340 kcal je Portion
- Dazu paßt ein Glas Bier

1 kleiner Kopf Eichblattsalat
75 g Cervelatwurst
75 g Tilsiter-Käse
1 rote Zwiebel (ca. 100 g)
1 säuerlicher Apfel (z. B. Boskop)
100 ml Dickmilch
Salz, gemahlener weißer Pfeffer
20 g Salatcroûtons (Fertigprodukt)

1. Die Salatblätter auf große Teller verteilen. Die Wurst von der Pelle befreien und den Käse entrinden. Beides in dünne Streifen und die Zwiebel in dünne Ringe schneiden. Den Apfel schälen, halbieren, entkernen und in Stifte schneiden.

2. Die Dickmilch in eine Schüssel geben und mit Salz und Pfeffer pikant würzen. Wurst- und Käsestreifen sowie Zwiebelringe und Apfelstifte dazugeben, alles gut vermischen und kurz durchziehen lassen.

3. Den Salat auf den Tellern anrichten, mit den Croûtons bestreuen und servieren.

Hähnchen-Käse-Salat

- Zubereitungszeit: ca. 1/2 Std.
- ca. 665 kcal je Portion
- Dazu paßt ein Glas Roséwein

250 g Hähnchenbrustfilet
2 EL Butter, Salz
weißer Pfeffer, 1 EL Sesamkörner
100 g blaue Weintrauben, 2 frische Feigen, 100 g Lindenberger-Käse
1/2 Kopf Lollo Rosso-Salat
100 ml Buttermilch, 3 EL Pflanzenöl
1 Msp. Zucker, 30 g gemischte Sprossen aus dem Glas, 1 EL gehackte Kresse

1. Hähnchenfleisch in heißer Butter goldbraun braten. Mit Salz und Pfeffer würzen, abkühlen lassen. Die Sesamkörner in einer Pfanne ohne Fettzugabe goldgelb rösten.

2. Weintrauben waschen, halbieren und entkernen. Feigen und Hähnchenfleisch in Scheiben, Käse in feine Streifen schneiden, Salat in einzelne Blätter zupfen. Die Salatblätter mit Hähnchenfleisch, Weintrauben, Feigen und Käse auf Tellern anrichten. Buttermilch mit Öl, Zucker, Salz und Pfeffer gut verrühren, über den Salat geben, ihn mit Sprossen, Kresse und gerösteten Sesamkörnern bestreuen.

Feiner Käsesalat

- Zubereitungszeit: ca. 1/2 Std.
- ca. 350 kcal je Portion
- Dazu passen Ofenkartoffeln

100 g Lindenberger-Käse
100 g frischer Spinat
2 Stangen Bleichsellerie
je 1/4 Bund Schnittlauch, Petersilie und Dill
2 EL Weinessig
3 EL Pflanzenöl
Salz
gemahlener weißer Pfeffer
1/2 TL mittelscharfer Senf

1. Den Käse und den Spinat in feine Streifen, den Sellerie in dünne Scheiben schneiden.

2. Den Schnittlauch in Röllchen schneiden, Petersilie und Dill fein hacken.

3. Essig und Öl zu einer Marinade verrühren und mit Salz, Pfeffer und Senf abschmecken. Danach die Kräuter darunterrühren.

4. Den Salat in eine Schüssel geben und locker mit der Marinade vermischen.

Cremige Partydips

Für 6 Personen

Zubereitungszeit: ca. 3/4 Std.

Lachs-Dip: ca. 55 kcal je Portion

Roquefort-Dip: ca. 50 kcal je Portion

Pfeffer-Dip: ca. 55 kcal je Portion

Dazu passen Käsestangen, Cracker und Kartoffelchips

je 1/3 Päckchen Frischkäse (ca. 65 g) mit Lachs-, Roquefort- und Pfeffergeschmack
150 g Sahnequark, 1 TL Zitronensaft
Salz, 1 TL Worcestershiresauce
30 g Krabbenfleisch aus der Dose
1/4 TL Zitronenpfeffer
1 kleine Knoblauchzehe
2 EL feingehackte Kresse
je 1/2 rote, grüne und gelbe Paprikaschote
gemahlener weißer Pfeffer

1. Die Frischkäsesorten mit jeweils 50 g Sahnequark verrühren.

2. Den Lachs-Käse mit Zitronensaft verrühren, mit Salz und Worcestershiresauce abschmecken und die Krabben unterrühren.

3. Den Roquefort-Käse mit Zitronenpfeffer würzen. Die Knoblauchzehe zerdrücken und mit der Kresse unterheben.

4. Die Paprikaschoten in kleine Würfel schneiden und mit dem Pfeffer-Käse vermischen. Mit Salz und Pfeffer abschmecken.

5. Die einzelnen Dips in Schälchen anrichten.
(auf dem Foto oben)

Tip:
Mit Möhren- und Zucchinistiften, Chicoreeblättern und Gurkenscheiben serviert, sind die Dips ein leckerer Party-Snack.

Kräutercreme in Paprikahälften

Zubereitungszeit: ca. 3/4 Std.

ca. 125 kcal je Portion

Dazu paßt Vollkornbrot

125 g Salatgurke
50 g Staudensellerie
1 Schalotte
je 1/4 Bund Schnittlauch, Dill und Petersilie
1 Knoblauchzehe
250 g Magerquark
Salz
gemahlener weißer Pfeffer
1/2 TL Zitronensaft
1 rote Paprikaschote

1. Die Gurke schälen, halbieren, entkernen und würfeln. Den Staudensellerie und die Schalotte in feine Würfel schneiden. Je einen Stengel Dill und Petersilie beiseite legen, die restlichen Kräuter fein hacken. Die Knoblauchzehe zerdrücken.

2 Den Quark mit Gemüsewürfeln, Kräutern und Knoblauch mischen und mit Salz, Pfeffer und Zitronensaft abschmecken.

3. Die Paprikaschote halbieren, waschen, entkernen und mit der Kräutercreme füllen. Mit Dill und Petersilie garnieren und servieren.
(auf dem Foto unten)

BRAUCHT ZEIT • AROMATISCH

BRAUCHT ZEIT • WÜRZIG

Eingelegter Käse

Zubereitungszeit: ca. 1/2 Std.

Zeit zum Marinieren: mindestens 24 Std.

ca. 550 kcal je Portion

Dazu paßt Laugengebäck

150 g Bayerhofer blue (bayerischer Blauschimmelkäse mit Rotflora außen)
2 Frühlingszwiebeln
1 Schalotte
1 Chilischote
1 Knoblauchzehe
1 Lorbeerblatt
3 Wacholderbeeren
1/2 TL schwarze Pfefferkörner
einige Blätter Estragon, Thymian und Salbei
ca. 1/2 l Sonnenblumenöl

1. Den Käse in Scheiben, Frühlingszwiebeln, Schalotte und entkernte Chilischote in Ringe schneiden. Die Knoblauchzehe fein hacken.

2. Den Käse mit Zwiebeln, Gewürzen und Kräutern abwechselnd in ein kleines Glas schichten, mit dem Öl auffüllen, dann das Glas verschließen.

3. Den Käse bei Zimmertemperatur mindestens 24 Stunden ziehen lassen.

Eingelegte Mozzarella

Zubereitungszeit: ca. 1/2 Std.

Zeit zum Marinieren: ca. 2 Std.

ca. 260 kcal je Portion

Dazu paßt Stangenweißbrot

125 g Mozzarella
1 TL Balsamessig
Salz
gemahlener schwarzer Pfeffer
1/2 durchgepreßte Knoblauchzehe
2 EL Olivenöl
50 g Bleichsellerie
1 Frühlingszwiebel

1. Den Mozzarella abtropfen lassen, in etwa 1/2 cm dicke Scheiben schneiden und auf einer Platte anrichten.

2. Den Essig mit Salz, Pfeffer und der durchgepreßten Knoblauchzehe vermischen und dann das Olivenöl darunterschlagen. Den Sellerie und die Zwiebel in dünne Ringe schneiden und mit der Marinade vermischen.

3. Die Marinade auf den Mozzarellascheiben verteilen und alles etwa 2 Stunden durchziehen lassen.

Romadur sauer

- Zubereitungszeit: ca. 1/4 Std.
- Zeit zum Marinieren: ca. 10 Min.
- ca. 270 kcal je Portion
- Dazu paßt Vollkornbrot

150 g Romadur-Käse, 1 Frühlingszwiebel
2 EL gehackte Zwiebeln, 2 EL Olivenöl
100 ml trockener Weißwein
100 ml Obstessig, 100 ml Mineralwasser
1 Msp. Kümmel
1/4 TL getrockneter Majoran
1 Msp. Cayennepfeffer
Salz, gemahlener schwarzer Pfeffer
1 Msp. Zucker, 1 EL Schnittlauchröllchen

1. Den Romadur in Scheiben, die Frühlingszwiebel in Streifen schneiden. Beides mit Zwiebelwürfeln und Olivenöl in eine Schüssel geben.

2. Weißwein, Essig und Mineralwasser dazugeben und alles gut vermengen Mit Kümmel, Majoran, Cayennepfeffer (vorsichtig dosieren!), Salz, Pfeffer und Zucker kräftig abschmecken.

3. Alles etwa 10 Minuten durchziehen lassen. Dann den Käse in einem Sieb abtropfen lassen und mit Schnittlauch bestreuen.

Schafskäseaufstrich

- Zubereitungszeit: ca. 1/2 Std.
- ca. 375 kcal je Portion
- Dazu passen Brot und ein Glas Landwein

1/2 Bund Dill
2 Zweige Estragon
4 Knoblauchzehen
5 entsteinte schwarze Oliven
200 g kräftiger Schafskäse
1 TL Zitronensaft
3 EL Olivenöl

1. Den Dill und den Estragon fein hacken. Die Knoblauchzehen zerdrücken. Die Oliven in dünne Scheiben schneiden.

2. Den Schafskäse mit der Hand zerbröckeln, dann mit einer Gabel ganz zerdrücken.

3. Alle Zutaten in einer Schüssel mit dem Schafskäse verkneten.

Tip:
Wenn Sie es milder mögen, können Sie das Fruchtfleisch einer vollreifen Avocado mit einer Gabel zerdrücken und unter die Masse kneten.

Überbackenes Frischkäsebaguette

- Zubereitungszeit: ca. 1/2 Std.
- Backzeit: ca. 20 Min.
- ca. 630 kcal je Portion
- Dazu paßt ein kühles Pils

150 g Frischkäse mit Kräutern
1 TL Butter
1 Ei
50 g gekochter Schinken
1 Tomate
1 Sardellenfilet
1 kleine Knoblauchzehe
1/4 TL getrockneter Oregano
1 kleines Baguettebrot
1 TL Kapern aus dem Glas

1. Den Backofen auf 200 °C vorheizen. Den Käse in eine Schüssel geben und zusammen mit Butter und Ei zu einer cremigen Masse verrühren.

2. Den Schinken in schmale Streifen schneiden. Die Tomate von den Stielansätzen befreien und würfeln. Das Sardellenfilet fein hacken. Die Knoblauchzehe zerdrücken. Alles mit der Käsemasse vermischen, dann den Oregano unterrühren.

3. Das Baguette längs halbieren und in acht Stücke schneiden. Die Käsemischung darauf verteilen, mit Kapern garnieren und im Backofen etwa 20 Minuten überbacken.

Überbackene Käsekartoffeln

- Zubereitungszeit: ca. 3/4 Std.
- Backzeit: ca. 15 Min.
- ca. 430 kcal je Portion
- Dazu paßt ein Blattsalat

4 große Kartoffeln (à ca. 100 g)
100 g Frischkäse mit Kräutern
50 g Gorgonzola
50 g gekochter magerer Schinken
1 Eigelb
1/2 TL Kümmel
Salz
gemahlener weißer Pfeffer

1. Die Kartoffeln mit der Schale gar kochen, abgießen und abkühlen lassen.

2. Den Backofen auf 200 °C vorheizen. Den Frischkäse mit Gorgonzola in einer Schüssel verrühren. Den Schinken in ganz kleine Würfel schneiden und mit Eigelb und Kümmel unter die Käsemasse rühren. Alles kräftig mit Salz und Pfeffer abschmecken.

3. Das obere Viertel der Kartoffeln der Länge nach abschneiden und die Kartoffeln etwas aushöhlen. Das Ausgehöhlte mit einer Gabel zerdrücken und dann unter die Käsemasse mischen.

4. Die Kartoffelhälften mit der Käsemischung füllen und im Backofen etwa 15 Minuten überbacken. Heiß servieren.

Edamerkrapfen mit Käsefüllung

Für 4 Personen

Zubereitungszeit: ca. 3/4 Std.

Backzeit: ca. 10 Min.

ca. 210 kcal je Person

Dazu passen Blattsalat und Bier

100 ml Milch
2 EL Halbfettmargarine, Salz
je 1 Msp. gemahlener Muskat
und edelsüßer Paprika
60 g Mehl, 2 Eier
2 Scheiben Edamer, 1 EL Öl
60 g Frischkäse (Halbfettstufe)
1/4 kleine feingehackte Zwiebel
1 TL Schnittlauchröllchen, Pfeffer

1. Den Backofen auf 200 °C vorheizen. Die Milch in einen Topf geben und mit der Margarine und den Gewürzen darin zum Kochen bringen. Das Mehl auf einmal hineinschütten, glattrühren und so lange unter Rühren weiter erhitzen, bis sich die Masse als Kloß vom Topfboden löst.

2. Den Topf vom Herd nehmen und die Eier nacheinander in den Teig rühren. Den Edamer in kleine Würfel schneiden und ebenfalls unterrühren. Den Teig abkühlen lassen.

3. Ein Backblech mit Öl einfetten. Den Teig in einen Spritzbeutel mit glatter Tülle füllen, haselnußgroße Tupfen auf das Backblech spritzen und diese im Backofen etwa 10 Minuten backen. Nach dem Backen sofort von jedem Krapfen einen Deckel abschneiden und die Krapfen auskühlen lassen.

4. Den Frischkäse mit der fein gehackten Zwiebel und dem Schnittlauch verrühren, mit Salz und Pfeffer abschmecken. Die Krapfen füllen und wieder zusammensetzen.
(auf dem Foto oben)

Goldene Käsebällchen

Für 6 Personen

Zubereitungszeit: ca. 1 Std.

Backzeit: ca. 15 Min.

ca. 300 kcal je Person

Dazu paßt ein badischer Wein

6 EL Butter
Salz
gemahlener weißer Pfeffer
125 g Mehl
3 große Eier
(Gewichtsklasse 1 à ca. 70 g)
125 g gewürfelter Hartkäse
1 EL Öl für das Blech
50 g Frischkäse

1. Den Backofen auf 200 °C vorheizen. In einem Topf 150 ml Wasser zusammen mit Butter und etwas Salz aufkochen. Das Mehl in die kochende Flüssigkeit geben. Den Topf vom Herd nehmen und den Teig rühren, bis sich ein glatter Kloß bildet. Erneut erhitzen und den Teig bei geringer Hitze rühren, bis sich der Kloß vom Topf löst.

2. Den Teig in eine Schüssel geben und abkühlen lassen. Dann zwei Eier in den Teig einarbeiten, bis er goldgelb glänzt. Die Käsewürfel zusammen mit etwas Pfeffer unter den Teig rühren.

3. Den Teig in einen Spritzbeutel mit Sterntülle füllen und in Bällchen auf ein eingefettetes Backblech spritzen. Das letzte Ei schaumig schlagen, die Bällchen mit der Eimasse bepinseln und im Backofen etwa 15 Minuten backen.

4. Einige der Bällchen in Hälften schneiden, etwas Frischkäse darauf geben, die Bällchen wieder zusammensetzen und lauwarm oder kalt servieren.
(auf dem Foto unten)

BRAUCHT ZEIT • FEIN-WÜRZIG

BRAUCHT ZEIT • RAFFINIERT

Gepfefferte Brieröllchen

Für 8 Stück

Zubereitungszeit: ca. 3/4 Std.

ca. 305 kcal je Stück

Dazu paßt ein Glas Landwein

4 Stangen Staudensellerie
1/4 l trockener Weißwein
250 g deutscher Brie mit grünem Pfeffer
4 aufgetaute Scheiben TK-Blätterteig (ca. 300 g)
2 EL Mehl

1. Den Backofen auf 200 °C vorheizen. Den Sellerie von den Fäden befreien, in dünne Scheiben schneiden und in dem Wein etwa 7 Minuten dünsten. Herausnehmen und abkühlen lassen. Den Brie in kleine Würfel schneiden und mit dem Sellerie vermischen.

2. Den Blätterteig auf einer bemehlten Arbeitsfläche messerrückendick ausrollen und in acht Rechtecke teilen. Die Teigstücke mit der Sellerie-Käse-Mischung belegen, aufrollen und an den Enden einschlagen.

3. Ein Backblech mit Wein anfeuchten, die Teigröllchen darauf legen und im Backofen goldbraun backen. Heiß servieren.

Tip:
Wenn Sie die Teigröllchen vor dem Backen mit etwas grob gemahlenem Pfeffer, Kümmel oder grobem Salz bestreuen, sind sie noch pikanter.

Käse-Spinat-Taschen

- Für 8 Stück
- Zubereitungszeit: ca. 1 Std.
- Backzeit: ca. 15–20 Min.
- ca. 200 kcal je Stück
- Dazu paßt ein Blattsalat

60 g frischer Spinat
80 g Tilsiter-Käse
1 Schalotte
1 kleine Knoblauchzehe
1 EL Butterschmalz
3 EL Magerquark
1 EL gehackte Petersilie
Salz
gemahlener schwarzer Pfeffer
4 aufgetaute Scheiben TK-Blätterteig (ca. 300 g)
1 Eigelb

1. Den Spinat in wenig Wasser andünsten, dann abtropfen lassen und leicht ausdrücken. Tilsiter, Schalotte und Knoblauchzehe in feine Würfel schneiden.

2. Den Backofen auf 200 °C vorheizen. Das Butterschmalz in einer Pfanne erhitzen, Schalotten- und Knoblauchwürfel darin glasig dünsten. Dann die Käsewürfel mit dem Zwiebel-Knoblauch-Gemisch, Quark, Spinat und Petersilie gut vermischen und mit Salz und Pfeffer abschmecken.

3. Den Blätterteig auf einer bemehlten Arbeitsfläche ausrollen und quer halbieren. Jede Hälfte mit 1 Eßlöffel Füllung belegen. Das Eigelb verquirlen und die Ränder damit bestreichen. Die Teigplatten zusammenklappen und die Ränder festdrücken.

4. Die Taschen auf ein mit Backpapier ausgelegtes Backblech legen. Im Ofen in 15 bis 20 Minuten goldbraun backen.

HAUPT-MAHLZEITEN MIT KÄSE

Mit köstlichen Käsegerichten kommt Abwechslung in das tägliche Einerlei des Speiseplans. Durch die Vielfalt der Käsesorten können schier endlose Variationen gezaubert werden. Das Ergebnis wird immer ein raffiniertes Gericht sein.

Champignon-Kartoffel-Gratin

- Zubereitungszeit: ca. 3/4 Std.
- Backzeit: ca. 20 Min.
- ca. 625 kcal je Portion
- Dazu paßt ein frischer Salat

250 g festkochende Kartoffeln
250 g weiße Champignons
2 Schalotten
3 EL Butter
1 kleine Knoblauchzehe
2 EL trockener Weißwein
1 EL gehackte Petersilie
Salz
gemahlener weißer Pfeffer
120 g Sahne
100 g geriebener Emmentaler
1 Eigelb
1 Msp. geriebene Muskatnuß
1 EL Schnittlauchröllchen

1. Die Kartoffeln waschen, schälen und in ganz dünne Scheiben schneiden. In $^1/_2$ l Salzwasser etwa 3 Minuten blanchieren. Mit einem Schöpflöffel herausnehmen, mit kaltem Wasser abschrecken, abtropfen lassen und auf Küchenkrepp ausbreiten.

2. Den Backofen auf 175 °C vorheizen. Die Champignons in dünne Scheiben schneiden. Die Schalotten fein würfeln und in einer Pfanne in 2 Eßlöffeln Butter glasig dünsten. Danach die Champignons dazugeben. Die Knoblauchzehe in die Schalotten-Champignon-Mischung pressen und kurz mit andünsten. Mit dem Wein ablöschen und alles etwa 5 Minuten köcheln lassen. Dann die Petersilie einstreuen und alles mit Salz und Pfeffer abschmecken.

3. Eine Auflaufform mit der restlichen Butter ausstreichen. Kartoffelscheiben und Champignonmischung schichtweise einfüllen, so daß das Gratin mit einer Schicht Champignons abschließt. Auf jede Schicht etwas Sahne gießen und ein wenig Käse streuen.

4. Die restliche Sahne zusammen mit Eigelb und Muskatnuß verquirlen und über das Gratin geben. Den restlichen Käse darüberstreuen und das Gratin etwa 20 Minuten backen, bis sich eine goldgelbe Kruste gebildet hat.

5. Das Gratin aus dem Ofen nehmen, mit den Schnittlauchröllchen bestreuen und servieren.

BRAUCHT ZEIT • **FEIN-WÜRZIG**

Wörishofener Käseauflauf

- Zubereitungszeit: ca. 3/4 Std.
- Backzeit: ca. 20 Min.
- ca. 1035 kcal je Portion
- Dazu paßt ein Glas Roséwein

200 g Brokkoli
250 g Wörishofener-Käse
2 Eier
1/8 l Milch
Salz
gemahlener weißer Pfeffer
6 Scheiben Vollkornbrot
1/8 l Bier
2 EL Butter
etwas Butter für die Form

1. Den Brokkoli in Röschen zerteilen, kurz in Salzwasser blanchieren, abgießen und dann abkühlen lassen. Den Käse in kleine Würfel schneiden.

2. Den Backofen auf 175 °C vorheizen. Die Eier trennen. In einer Schüssel die Eigelbe zusammen mit Milch, Salz und Pfeffer verquirlen. Die Brotscheiben würfeln und drei viertel davon in der Eiermilch durchziehen lassen.

3. Dann Bier, Käsewürfel und Brokkoliröschen dazugeben. Die Eiweiße zu Schnee schlagen und unter die Masse ziehen.

4. Die Mischung in eine eingefettete Auflaufform füllen. Die restlichen Brotwürfel und die Butter auf der Oberfläche verteilen und den Auflauf im Backofen 20 bis 30 Minuten backen.

Zucchiniauflauf mit Käse und Schinken

- Zubereitungszeit: ca. 1 Std.
- Backzeit: ca. 1/2 Std.
- ca. 530 kcal je Portion
- Dazu paßt ein frischer Salat

250 g Zucchini
2 EL Mehl
Salz
gemahlener weißer Pfeffer
3 EL Sojaöl
150 g Maiskörner aus der Dose
50 g gewürfelter Katenschinken
50 g Frischkäse mit Kräutern (Halbfettstufe)
1 zerdrückte Knoblauchzehe
60 g saure Sahne
1/2 TL edelsüßes Paprikapulver
1 EL Semmelbrösel
30 g Halbfettbutter

1. Die Zucchini in Scheiben schneiden. Die Scheiben in dem Mehl wenden und mit Salz und Pfeffer bestreuen. Etwa 2 Teelöffel Öl in einer Pfanne erhitzen und die Zucchini von beiden Seiten darin anbraten. Dann auf Küchenkrepp abtropfen lassen.

2. Den Backofen auf 200 °C vorheizen. Eine Auflaufform mit dem restlichen Öl ausstreichen und die Zucchini hineinfüllen. Den abgetropften Mais und den Katenschinken darauf verteilen.

3. Den Frischkäse zusammen mit Knoblauch und saurer Sahne verrühren und mit Paprika, Salz und Pfeffer abschmecken. Die Käsemasse auf das Gemüse streichen. Den Auflauf mit den Semmelbröseln bestreuen, mit Butterflöckchen belegen und im Backofen ungefähr 1/2 Stunde überbacken.

Käsekartoffeln

Zubereitungszeit: ca. $^1/_2$ Std.

Backzeit: ca. 25 Min.

ca. 530 kcal je Portion

Dazu paßt ein Tomatensalat

400 g Kartoffeln
1 TL Butter für die Form
Salz, gemahlener weißer Pfeffer
1 Msp. gemahlener Kümmel
$^1/_8$ l Gemüsebrühe
1 Zwiebel
$^1/_2$ Bund Frühlingszwiebeln
100 g saure Sahne
1 Ei
125 g geraspelter Emmentaler
4 Tomaten
2 EL Schnittlauchröllchen

1. Den Backofen auf 200 °C vorheizen. Die Kartoffeln waschen, schälen und in ungefähr 1 cm dicke Scheiben schneiden. Die Kartoffelscheiben in eine gefettete Tortenform (etwa 26 cm ø) schichten und mit Salz, Pfeffer und Kümmel bestreuen. Die Gemüsebrühe darübergießen.

2. Die Zwiebel fein hacken und die Frühlingszwiebeln in Streifen schneiden. Beides auf den Kartoffeln verteilen und das Ganze im Backofen etwa 15 Minuten backen.

3. Die saure Sahne zusammen mit dem Ei und dem Emmentaler verrühren. Die Tomaten von den Stielansätzen befreien, über kreuz einritzen, enthäuten und in dünne Scheiben schneiden.

4. Die Tomatenscheiben auf die Kartoffeln legen und mit der Käse-Sahne-Mischung überziehen. Mit den Schnittlauchröllchen bestreuen und alles weitere 10 Minuten backen. Heiß servieren.
(auf dem Foto oben)

Kartoffelgratin mit Käse

Für 6 Personen

Zubereitungszeit: ca. 1 Std.

Backzeit: ca. 35 Min.

ca. 345 kcal je Portion

Dazu passen gedünstete Fischfilets

$^1/_2$ Bund Frühlingszwiebeln
3 EL Butter
750 g mehligkochende Kartoffeln
3 Äpfel (z.B. Golden Delicious)
200 g Champignons
Salz
gemahlener schwarzer Pfeffer
1 Msp. geriebene Muskatnuß
200 g Sahne
75 g geriebener Emmentaler
2 Eigelb

1. Den Backofen auf 200 °C vorheizen. Die Frühlingszwiebeln in Ringe schneiden, diese in etwa 2 Eßlöffeln Butter glasig dünsten und beiseite stellen. Die Kartoffeln waschen, schälen und in ganz dünne Scheiben schneiden oder hobeln. Die Äpfel schälen, vierteln, entkernen und in dünne Scheiben schneiden. Die Champignons putzen und ebenfalls in Scheiben schneiden.

2. Eine Auflaufform mit der restlichen Butter ausfetten. Nacheinander jeweils ein Drittel der Kartoffeln hineinschichten und mit der Hälfte der Zwiebeln, der Champignons und der Apfelscheiben bedecken, so daß das Gratin mit einer Schicht Kartoffeln abschließt.

3. Etwa 100 g Sahne mit Salz, Pfeffer und Muskatnuß würzen und über das Gratin gießen. Den Käse darüberstreuen. Die Eigelbe mit der restlichen Sahne verquirlen, alles über das Gratin verteilen und 35 bis 40 Minuten überbacken.
(auf dem Foto unten)

SCHNELL • WÜRZIG

BRAUCHT ZEIT • HERZHAFT

Bunte Gemüse-Käse-Quiche

- Zubereitungszeit: ca. 1 1/2 Std.
- Zeit zum Ruhen: ca. 1/2 Std.
- Backzeit: ca. 1/2 Std.
- ca. 505 kcal je Portion
- Dazu paßt ein trockener Weißwein

50 g Mehl, 3 EL Butter
1 Eigelb, Salz
je 1/2 rote, gelbe und grüne Paprikaschote
50 g Sahne
50 g Frischkäse (Halbfettstufe)
2 Eier
gemahlener weißer Pfeffer
1 Msp. edelsüßer Paprika,
1 Msp. getrocknetes Basilikum
1 EL Schnittlauchröllchen
2 Scheiben Lachsschinken

1. Mehl, Butter und Eigelb zusammen mit etwas Salz und 1 bis 2 Eßlöffeln kaltem Wasser zu einem glatten Teig verarbeiten. Den Teig in Frischhaltefolie wickeln und etwa 1/2 Stunde im Kühlschrank ruhen lassen.

2. Den Backofen auf 200 °C vorheizen. Die Paprikaschoten in feine Streifen schneiden. Eine Quicheform (etwa 26 cm ø) ausfetten. Den Teig auf einer bemehlten Arbeitsfläche dünn ausrollen und die Quicheform damit auslegen, dabei den Rand etwas hochdrücken.

3. Die Paprikastreifen auf dem Teig verteilen. Die Sahne mit Frischkäse und Eiern verquirlen und mit Salz, Pfeffer und Paprika würzen. Die Masse über die Paprikastreifen gießen und alles mit Basilikum und Schnittlauchröllchen bestreuen.

4. Die Quiche etwa 1/2 Stunde backen. Den Lachsschinken in kleine Stücke schneiden und das Gericht damit garnieren.

Frischkäseauflauf

- Zubereitungszeit: ca. 3/4 Std.
- Backzeit: ca. 35 Min.
- ca. 475 kcal je Portion
- Dazu paßt ein italienischer Salat

200 g Frischkäse (Halbfettstufe)
50 ml Milch (0,3 % Fett)
1 Ei, getrennt
1 1/2 EL Speisestärke
1 Msp. Backpulver
100 g Katenschinken
1 kleine Zwiebel
Salz
gemahlener weißer Pfeffer
1 Msp. gemahlene Muskatnuß
1 TL Sojaöl für die Form
1 EL Semmelbrösel
3 TL Halbfettbutter

1. Den Backofen auf 175 °C vorheizen. Den Frischkäse zusammen mit Milch, Eigelb, Speisestärke und Backpulver gut verrühren.

2. Den Katenschinken und die Zwiebel in feine Würfel schneiden und zusammen mit Salz, Pfeffer und Muskatnuß in die Käsemasse rühren. Das Eiweiß steif schlagen und unter die Masse heben.

3. Eine feuerfeste Auflaufform mit Öl auspinseln und die Käsemasse einfüllen. Den Auflauf mit Semmelbröseln bestreuen, mit Butterflöckchen belegen und in etwa 35 Minuten goldgelb backen.

Käsesoufflé

Zubereitungszeit: ca. $^1/_2$ Std.

Backzeit: ca. $^1/_4$ Std.

ca. 470 kcal je Portion

Dazu paßt ein feiner Blattsalat

125 ml Milch
1 altbackenes Brötchen
2 Frühlingszwiebeln
3 EL Butter
2 Eier
Salz
gemahlener weißer Pfeffer
1 Msp. geriebene Muskatnuß
75 g geriebener Emmentaler
1 TL Butter für die Förmchen
1 EL Semmelbrösel

1. Den Backofen auf 175 °C vorheizen. Die Milch leicht erwärmen und in einen tiefen Teller geben. Das Brötchen in Scheiben schneiden und in der Milch einweichen.

2. Die Frühlingszwiebeln in Röllchen schneiden und in einer Pfanne in 1 Eßlöffel Butter leicht anschwitzen. Die eingeweichten Brötchen dazugeben und kurz mit andünsten. Die Pfanne vom Herd nehmen und die Brötchenmasse etwas abkühlen lassen.

3. Die Eier trennen. Die restliche Butter schaumig rühren, mit den Eigelben, Salz, Pfeffer, Muskat und Käse vermischen und unter die Brötchenmasse rühren. Die Eiweiße zu Schnee schlagen und unterheben.

4. Zwei Souffléförmchen (etwa 10 cm ø) mit der Butter ausstreichen und mit den Semmelbröseln ausstreuen. Die Käsemasse einfüllen, so daß die Förmchen nur $^3/_4$ voll sind. Die Soufflés im Ofen 15 bis 20 Minuten backen. Sofort heiß servieren.
(auf dem Foto oben)

Käse-Brokkoli-Soufflé

Zubereitungszeit: ca. 1 Std.

Backzeit: ca. $^1/_2$ Std.

ca. 670 kcal je Portion

Dazu paßt gedünstetes Gemüse

350 g Brokkoli, 1 Schalotte
$3^1/_2$ EL Butter, Salz
weißer Pfeffer, 1 Msp. Zucker
30 g magere Schinkenwürfel
1 Ei, 50 g Crème fraîche
75 g frisch geriebener Parmesan
75 g geriebener Emmentaler
1 Msp. geriebene Muskatnuß
1 TL Butter, 1 EL Semmelbrösel

1. Den Backofen auf 175 ° C vorheizen. Die Brokkoliröschen von den Stengeln schneiden. Die Stiele in 1 l kochendem Salzwasser 6 bis 8 Minuten und die Röschen etwa 4 Minuten blanchieren, beides abgießen, mit Eiswasser abschrecken und gründlich abtropfen lassen. Einige Röschen zum Garnieren beiseitelegen, den Rest im Mixer pürieren.

2. Die Schalotte fein würfeln und in 3 Eßlöffeln Butter glasig dünsten. Das Brokkolipüree hinzufügen und unter Rühren trockendünsten, kräftig mit Salz, Pfeffer und Zucker abschmecken und vom Herd nehmen.

3 Die Schinkenwürfel unter das Püree mischen. Das Ei trennen. Eigelb mit Crème fraîche, Käse und Muskatnuß mischen und unter das Püree ziehen. Das Eiweiß zusammen mit etwas Salz zu festem Schnee schlagen und unter die Masse ziehen.

4. Zwei Souffléförmchen (etwa 10 cm ø) mit der restlichen Butter ausstreichen und mit den Semmelbröseln ausstreuen. Die Soufflémasse einfüllen und die zurückbehaltenen Brokkoliröschen leicht hineindrücken. Die Soufflés etwa $^1/_2$ Stunde backen.
(auf dem Foto unten)

SCHNELL • FEIN-WÜRZIG

BRAUCHT ZEIT • PIKANT

Lasagne mit Ricotta

- Zubereitungszeit: ca. 3/4 Std.
- Backzeit: ca. 25 Min.
- ca. 850 kcal je Portion
- Dazu paßt ein knackiger Salat

150 g grüne Lasagneblätter
125 g geschmeidiger Ricotta (italienischer Molkeneiweißkäse)
40 g feingehackte Sonnenblumenkerne
2 EL geriebener Parmesan
1 Ei
1/2 TL getrocknetes Basilikum
je 1 Msp. getrockneter Thymian und Oregano
gemahlener schwarzer Pfeffer
125 g Mozzarella
1 TL Sonnenblumenöl für die Form
250 g passierte Tomaten (Fertigprodukt)
2 EL Sonnenblumenkerne

1. Den Backofen auf 175 °C vorheizen. Die Lasagneblätter bißfest garen. Den Ricotta zusammen mit Sonnenblumenkernen, Parmesan, Ei, Kräutern und Pfeffer gut verrühren. Den Mozzarella abtropfen lassen und in dünne Scheiben schneiden.

2. Eine feuerfeste Form mit dem Öl auspinseln. Die Hälfte der passierten Tomaten einfüllen. Dann abwechselnd Lasagneblätter, Ricottamasse, das restliche Tomatenpüree und Mozzarellascheiben in die Form schichten. Alles mit den Sonnenblumenkernen bestreuen.

3. Die Lasagne im Ofen etwa 25 Minuten überbacken. Vor dem Servieren einige Minuten ruhen lassen, damit sich die einzelnen Schichten ›setzen‹ können.

Nudelauflauf mit Wirsing und Käse

- Für 4 Personen
- Zubereitungszeit: ca. 1 Std.
- Backzeit: ca. 1/4 Std.
- ca. 760 kcal je Portion
- Dazu paßt ein frisches Pils

1 kleiner Kopf Wirsing
2 EL Butter
150 g gewürfelter Räucherspeck
2 gewürfelte Schalotten
Salz
gemahlener schwarzer Pfeffer
1/8 l Fleischbrühe
250 g Spiralnudeln
1 EL Pflanzenöl
200 g geriebener Gouda
20 g gehackte Walnüsse
2 EL gehackte Petersilie

1. Den Wirsing vierteln, vom Strunk befreien und in Streifen schneiden. In einer Pfanne etwa 1 Eßlöffel Butter erhitzen, den Speck und die Schalotten darin goldgelb dünsten. Den Wirsing dazugeben und mit Salz und Pfeffer würzen. Die Brühe angießen und alles etwa 1/4 Stunde unter Rühren schmoren.

2. Den Backofen auf 200 °C vorheizen. Die Nudeln in Salzwasser bißfest garen und abtropfen lassen. Eine Auflaufform mit Öl auspinseln, die Hälfte der Nudeln, den Wirsing und die Hälfte des Gouda einfüllen. Mit den restlichen Nudeln und dem Gouda bedecken.

3. Den Auflauf im Ofen in etwa 1/4 Stunde goldgelb überbacken. Die restliche Butter schmelzen, die Walnüsse und die Petersilie darin schwenken und auf dem Nudelauflauf verteilen.

Gnocchi mit Käse-Rauken-Sauce

- Zubereitungszeit: ca. 1/2 Std.
- ca. 565 kcal je Portion
- Dazu paßt ein Glas Federweißer

100 g Rauke (Ruccolasalat)
250 g Gnocchi, 1 TL Diät-Pflanzencreme
2 EL Zwiebelwürfel, 1 TL gehackter Knoblauch, 125 ml Gemüsebrühe
Salz, gemahlener weißer Pfeffer
1 Msp. geriebene Muskatnuß
100 g Wilstermarsch-Käse, 50 g Sahne

1. Von der Rauke die harten Stiele entfernen, das Grün fein hacken. Die Gnocchi nach Packungsanleitung garen. Inzwischen die Pflanzencreme in einem Topf erhitzen und die Zwiebel- und Knoblauchwürfel darin glasig dünsten. Rauke und Gemüsebrühe dazugeben, alles etwa 10 Minuten dünsten und mit Salz, Pfeffer und Muskatnuß abschmecken.

3. Den Käse in Würfel schneiden und zusammen mit der Sahne bei milder Hitze zu einer glatten Creme kochen. Das Raukengemüse und etwas Brühe einrühren. Die Sauce mit Salz und Pfeffer abschmecken und über die Gnocchi geben.

Penne mit fünf Käsesorten

- Zubereitungszeit: ca. 1/4 Std.
- ca. 1065 kcal je Portion
- Dazu paßt ein gemischter Salat

250 g Penne oder Spiralnudeln
Salz, 50 g Gorgonzola
je 25 g Emmentaler und Butterkäse
100 g Doppelrahmfrischkäse
50 g geriebener Parmesan
3 TL Butter, 75 g Sahne
1 Msp. geriebene Muskatnuß
2 EL geriebene Zitronenschale
3 EL Wodka, gemahlener weißer Pfeffer

1. Nudeln in Salzwasser bißfest kochen. Gorgonzola mit einer Gabel zerbröseln, Emmentaler und Butterkäse in Streifen schneiden.

2. Den Käse zusammen mit Doppelrahmfrischkäse, Parmesan und Butter in einen Topf geben. Die Sahne hinzufügen und alles bei geringer Hitze zu einer glatten Creme rühren. Mit Muskatnuß und der Zitronenschale würzen, dann den Wodka einrühren.

3. Die gut abgetropften Nudeln unter die Käsesauce mischen, mit reichlich grob gemahlenem Pfeffer bestreuen und servieren.

Käsespätzle auf Spinatbett

- Zubereitungszeit: ca. 3/4 Std.
- ca. 830 kcal je Portion
- Dazu paßt ein trockener Weißwein

250 g Mehl, 2 Eier, Salz
gemahlener weißer Pfeffer
100 g geriebener Steppenkäse
oder deutscher Tilsiter, 1 EL Butter
1 EL gewürfelter Räucherspeck
1 kleine gewürfelte Zwiebel
1 kleine Tomate, 250 g Blattspinat
1 Msp. geriebene Muskatnuß

1. Mehl zusammen mit Eiern, 1/8 l Wasser und 1 TL Salz zu einem Teig verarbeiten. So lange rühren, bis der Teig Blasen wirft, dann den Käse unterrühren. Teig portionsweise in kochendes Salzwasser drücken und garen. Spätzle abtropfen lassen und warmstellen. Tomate vom Stielansatz befreien und würfeln.

2. Speck und Zwiebel in der Butter glasig dünsten. Tomatenwürfel und Spinat dazugeben. Bei geringer Hitze dünsten, bis der Spinat zusammenfällt, dann mit Salz, Pfeffer und Muskat würzen. Den Spinat auf zwei Teller verteilen und die Spätzle darauf anrichten.

BRAUCHT ZEIT • WÜRZIG

Putencurry in Maasdamer-Sauce

- Zubereitungszeit: ca. 3/4 Std.
- ca. 560 kcal je Portion
- Dazu paßt Butterreis

75 g rote Linsen, Salz
250 g Putenbrust
1 Stange Lauch
1 EL Pflanzenöl
1 Msp. gemahlener weißer Pfeffer
1 EL Curry
375 ml Hühnerbrühe
50 g geriebener Holland-Maasdamer
100 g Sahne

1. Die Linsen in Salzwasser garen, abgießen und abtropfen lassen. Das Putenfleisch in mundgerechte Stücke und den Lauch in Ringe schneiden.

2. Das Öl in einer Pfanne erhitzen und das Fleisch darin anbraten. Mit Salz, Pfeffer und Curry würzen, mit der Brühe ablöschen. Den Lauch hinzufügen und alles etwa 10 Minuten bei mittlerer Hitze schmoren.

3. Dann Käse, Sahne und Linsen zum Fleisch geben und kurz miterhitzen. Das Putencurry nochmals abschmecken und heiß servieren.

Gefüllte Paprikaschoten

Zubereitungszeit: ca. 1/2 Std.

Zeit zum Einweichen: über Nacht

ca. 255 kcal je Portion

Dazu paßt Kräuterreis

50 g Grünkern
100 g Zucchini
100 g Lauch
100 g Schmelzkäsescheiben (Halbfettstufe)
je 1/2 Bund Schnittlauch, Petersilie und Oregano
je 1 kleine Knoblauchzehe und entkernte Chilischote
Salz
gemahlener weißer Pfeffer
je 1 gelbe und rote Paprikaschote
100 ml Gemüsebrühe

1. Den Grünkern über Nacht in reichlich Wasser einweichen. Dann im Einweichwasser etwa 10 Minuten bei geringer Hitze kochen, abgießen und abtropfen lassen.

2. Für die Füllung Zucchini, Lauch und Käse in Würfel schneiden. Die Kräuter, Knoblauch und Chilischote fein hacken. Gemüse und Kräuter mit dem Grünkern vermischen und alles mit Salz und Pfeffer würzen.

3. Die Paprikaschoten halbieren, entkernen, mit der Gemüsemischung füllen und in einen Schmortopf setzen. Übriggebliebene Füllung dazugeben und die Brühe angießen. Die Brühe aufkochen lassen, den Deckel schließen und alles bei geringer Hitze etwa 15 Minuten schmoren lassen.
(auf dem Foto oben)

Überbackenes Gemüse mit Frischkäsefüllung

Zubereitungszeit: ca. 1/2 Std.

ca. 380 kcal je Portion

Dazu passen Petersilienkartoffeln

1 kleine grüne Paprikaschote
2 kleine rote Paprikaschoten
Salz
2 Fleischtomaten
gemahlener weißer Pfeffer
5 entsteinte schwarze Oliven
1 Frühlingszwiebel
150 g Frischkäse mit Kräutern
1 Ei
1 TL Kapern aus dem Glas
1 EL Olivenöl
100 ml Gemüsebrühe

1. Die Paprikaschoten halbieren, entkernen und in kochendem Salzwasser etwa 3 Minuten blanchieren. Mit einem Schaumlöffel herausnehmen, abtropfen lassen und mit kaltem Wasser abschrecken.

2. Von den Tomaten den Deckel abschneiden, sie mit einem Löffel aushöhlen und mit Salz und Pfeffer ausstreuen.

3. Für die Füllung die Oliven fein würfeln, die Frühlingszwiebel in dünne Ringe schneiden. Den Frischkäse zusammen mit Ei, Oliven, Frühlingszwiebeln und Kapern verrühren und mit Pfeffer abschmecken.

4. Das Olivenöl in einen Schmortopf geben. Die Paprikahälften und die Tomaten mit der Käsemischung füllen und in den Topf setzen. Die Tomaten mit den Deckeln wieder verschließen. Die Brühe angießen und alles bei mittlerer Hitze etwa 10 Minuten schmoren.
(auf dem Foto unten)

SCHNELL • PIKANT

Schollenröllchen mit Käse und Spinat

- Zubereitungszeit: ca. 1 Std.
- Backzeit: ca. 20 Min.
- ca. 690 kcal je Portion
- Dazu passen Pellkartoffeln

200 g TK-Spinat
4 Schollenfilets (à ca. 100 g)
1 EL Zitronensaft
Salz
gemahlener weißer Pfeffer
125 g Karotten
150 g Holland-Schnittkäse mit Knoblauch
4 Scheiben Frühstücksspeck (à ca. 15 g)
15 g Butter
1 kleine gewürfelte Zwiebel

1. Den Spinat auftauen lassen. Die Schollenfilets mit Zitronensaft beträufeln und leicht salzen. Die Filets etwa 10 Minuten ziehen lassen. Die Karotten inzwischen in Salzwasser garen, abgießen und in feine Streifen schneiden.

2. Den Backofen auf 200 °C vorheizen. Die Schollenfilets mit Karottenstreifen, einem Drittel des Spinats und Käsescheiben belegen, dann vorsichtig aufrollen. Jede Rolle mit Frühstücksspeck fest umwickeln und mit einem Zahnstocher zusammenstecken.

3. Die Butter erhitzen. Die Zwiebel in eine Auflaufform geben und mit Butter übergießen. Den restlichen Spinat auf den Zwiebeln verteilen, mit Salz und Pfeffer bestreuen, die Schollenröllchen daraufsetzen und alles im Backofen etwa 20 Minuten garen.

Fischfilets mit Kräuterfrischkäsekruste

- Zubereitungszeit: ca. 3/4 Std.
- Backzeit: ca. 20 Min.
- ca. 265 kcal je Portion
- Dazu passen neue Kartoffeln

150 g Tomaten
1 EL Olivenöl
2 Kabeljau- oder Schollenfilets (à ca. 150 g)
Salz
gemahlener weißer Pfeffer
1 Knoblauchzehe
1 EL gehacktes Basilikum
150 g Zucchini
75 g Frischkäse mit Kräutern (Halbfettstufe)
3 EL trockener Weißwein
1 EL Semmelbrösel

1. Den Backofen auf 200 °C vorheizen. Die Tomaten mit kochendem Wasser überbrühen, überkreuz einritzen, häuten, entkernen und in Würfel schneiden.

2. Eine feuerfeste Form mit Olivenöl auspinseln. Die Fischfilets von beiden Seiten salzen, pfeffern und nebeneinander in die Form legen. Den Knoblauch fein hacken und zusammen mit Basilikum und Tomatenwürfeln auf dem Fisch verteilen.

3. Die Zucchini in dünne Scheiben schneiden und schuppenförmig auf den Filets anordnen, alles mit etwas Salz bestreuen. Den Frischkäse zusammen mit dem Weißwein und den Semmelbröseln gut verrühren Die Filets damit überziehen und etwa 20 Minuten überbacken.

Hackbraten mit Käse

- Für 4 Personen
- Zubereitungszeit: ca. 1 1/2 Std.
- ca. 405 kcal je Portion
- Dazu paßt ein Kartoffelsalat

1/2 Bund Frühlingszwiebeln
1 Knoblauchzehe, 1 EL Öl
100 g mittelalter Gouda
50 g kräftiger Schafskäse
375 g gemischtes Hackfleisch
2 EL gehackte Petersilie, 1 Ei
Salz, gemahlener schwarzer Pfeffer
etwas Öl für die Auflaufform

1. Die Zwiebeln in Ringe schneiden, die Knoblauchzehe durchpressen. Beides in dem Öl andünsten, etwas abkühlen lassen. Gouda und Schafskäse in kleine Würfel schneiden.

2. Den Backofen auf 200 °C vorheizen. Das Hackfleisch zusammen mit Ei, Petersilie, Käsewürfeln, gedünsteten Zwiebeln und Knoblauch zu einem Teig verkneten. Den Fleischteig mit Salz und Pfeffer würzen und mit nassen Händen zu einem Laib formen.

3. Eine feuerfeste Auflaufform mit Öl ausstreichen. Den Fleischlaib hineinlegen und im Backofen etwa 1 Stunde garen.

Schmetterlingssteaks

- Zubereitungszeit: ca. 1/4 Std.
- ca. 730 kcal je Portion
- Dazu passen Semmelknödel

150 g Champignons, 1 EL Butter
Salz, gemahlener schwarzer Pfeffer
2 EL gehackte Petersilie
100 g geraspelter Lindenberger-Käse
1 TL Zitronensaft
100 g Crème fraîche, 1 EL Pflanzenöl
2 Schmetterlingssteaks (Schweinekotletts à ca. 150 g), 125 ml Gemüsebrühe

1. Backofen auf 200 °C vorheizen. Champignons in Scheiben schneiden und in Butter gar dünsten, mit Salz und Pfeffer würzen und etwas abkühlen lassen. Petersilie, Käse, Zitronensaft und 1 Eßlöffel Crème fraîche unter die Pilze mischen. Das Öl erhitzen und die Steaks von beiden Seiten jeweils 3 Minuten braten. Ein Backblech einfetten, die Steaks darauflegen und die Champignon-Käse-Masse darauf verteilen.

3. Die Steaks goldbraun überbacken. Den Bratensatz mit heißer Brühe ablöschen, die restliche Crème fraîche einrühren und die Sauce etwas einkochen lassen.

Gratinierte Hühnerbrustfilets

- Zubereitungszeit: ca. 1/2 Std.
- Backzeit: ca. 1/4 Std.
- ca. 545 kcal je Portion
- Dazu paßt Baguettebrot

20 g Holland-Butter, 2 Hühnerbrustfilets
Salz, gemahlener schwarzer Pfeffer
etwas Fett für die Form
100 g Sahne, 150 g Fleischtomaten
2 Frühlingszwiebeln
100 g Holland-Schnittkäse mit Brennessel
1 Knoblauchzehe

1. Den Backofen auf 200 °C vorheizen. Die Butter erhitzen und die Filets darin je Seite etwa 2 Minuten braten. Das Fleisch salzen und pfeffern und in eine ausgefettete Auflaufform legen. Den Bratensatz mit der Sahne loskochen und über die Filets geben.

2. Die Tomaten häuten und achteln. Die Frühlingszwiebeln in Ringe schneiden.

3. Das Gemüse über die Filets verteilen, mit etwas Salz und Pfeffer bestreuen und alles mit den Käsescheiben bedecken. Den Knoblauch darüberpressen und alles etwa 15 Minuten überbacken.

Putenschnitzel mit Roquefortsauce

- Zubereitungszeit: ca. 1/4 Std.
- ca. 830 kcal je Portion
- Dazu passen Bandnudeln

75 g Roquefort, 250 g Sahne
1 EL Semmelbrösel
1 Msp. gerebelter Thymian
1 TL abgeriebene Zitronenschale
1 EL Butter, 1 TL Zitronensaft
2 Putenschnitzel (à ca. 180 g), Salz
1 EL Butterschmalz, 1 EL Calvados
grob zerstoßener schwarzer Pfeffer

1. Den Käse mit einer Gabel zerdrücken. In einen Topf geben und zusammen mit der Sahne bei geringer Hitze unter Rühren dickcremig einkochen lassen.

2. Die Semmelbrösel mit dem Thymian und der Zitronenschale mischen. Die Butter schmelzen und mit dem Zitronensaft verrühren. Die Schnitzel leicht salzen und zuerst in der geschmolzenen Butter, dann in der Semmelbröselmischung wenden.

3. Butterschmalz erhitzen und die Schnitzel auf jeder Seite 3 Minuten braten. Die Sauce mit Calvados und Pfeffer abschmecken.

Hähnchenrouladen mit Käsesauce

Zubereitungszeit: ca. 1/2 Std.

ca. 375 kcal je Portion

Dazu passen Vollkornbrot und Feldsalat

2 Hähnchenbrustfilets
Salz
gemahlener schwarzer Pfeffer
1 Msp. gemahlener Koriander
2 dünne Scheiben Parmaschinken
6 Salbeiblätter
1 EL Öl
80 g Gorgonzola
50 ml Milch
1 EL trockener Sherry

1. Die Filets etwas flachklopfen, von beiden Seiten mit Salz, Pfeffer und Koriander bestreuen. Sie mit je einer Scheibe Parmaschinken und mit je drei Salbeiblättern belegen, zusammenrollen und mit Zahnstochern zusammenstecken.

2. Das Öl in einer Pfanne erhitzen und die Rouladen darin rundum scharf anbraten. Dann bei mittlerer Hitze unter Wenden noch etwa 5 Minuten weiterbraten. Die Pfanne vom Herd nehmen und die Rouladen abkühlen lassen.

3. Den Gorgonzola zusammen mit der Milch und dem Sherry im Mixer pürieren. Die Sauce mit Pfeffer abschmecken und getrennt zu den kalten Rouladen servieren.
(auf dem Foto oben)

Variation:

Anstelle des Hähnchenfleisches zwei Kalbsschnitzel nehmen und die Sauce mit 1 Eßlöffel Cognac oder Whiskey anstelle des Sherrys abschmecken.

Cordon bleu

Zubereitungszeit: ca. 1/2 Std.

ca. 500 kcal je Portion

Dazu paßt Brokkoligemüse

2 Kalbsschnitzel, ca. 2 cm dick (à ca. 200 g)
2 Scheiben Emmentaler
2 Scheiben gekochter Schinken
1 Ei
Salz
gemahlener weißer Pfeffer
1 EL Mehl
2 EL Semmelbrösel
1 EL Butterschmalz

1. In jedes Schnitzel seitlich eine tiefe Tasche schneiden, eine Scheibe Käse und eine Scheibe Schinken hineingeben und die Öffnung mit Holzspießchen zustecken.

2. Das Ei verquirlen. Die Schnitzel mit Salz und Pfeffer bestreuen und nacheinander in Mehl, Ei und den Semmelbröseln wenden. Die Panade gut andrücken.

3. Das Butterschmalz in einer Pfanne nicht zu stark erhitzen und die Schnitzel darin bei mittlerer Hitze von jeder Seite in etwa 7 Minuten goldbraun braten.
(auf dem Foto unten)

Variation:

Anstelle des Emmentalers je eine Scheibe Roquefort in die Schnitzel geben und die Panade mit 1 Teelöffel Parmesan vermischen. Dann bei geringer Hitze goldbraun braten. Sie können das Kalbsschnitzel auch durch Hähnchen- oder Putenbrustfleisch ersetzen

SCHNELL • RAFFINIERT

SCHNELL • MILD-SAHNIG

Sektfondue

- Für 4 Personen
- Zubereitungszeit: ca. 1 Std.
- ca. 1200 kcal je Portion
- Dazu paßt ein trockener Sekt

300 g Gouda
300 g Bel Paese (italienischer Käse)
$^{1}/_{4}$ l trockener Sekt
100 g Sahne
2 EL Speisestärke
Salz, gemahlener weißer Pfeffer
1 Msp. Zucker
1 Msp. geriebene Muskatnuß
2 EL gehackte Zitronenmelisse
2 Eigelb
1 EL Cognac
1 kleines Baguette
1 Glas Ketakaviar
(roter Rogen vom Lachs)
1 Glas Forellenkaviar
200 g Rinderfilet in dünnen Scheiben
200 g geräucherter Lachs
4 geräucherte Forellenfilets
100 g Sahnemeerrettich

1. Den Käse reiben. Den Sekt zusammen mit der Sahne in einem Fonduetopf erhitzen. Den Käse dazugeben und unter ständigem Rühren schmelzen lassen.

2. Die Speisestärke mit etwas Wasser anrühren und das Fondue damit leicht binden. Mit Salz, Pfeffer, Zucker und Muskat würzen und mit Zitronenmelisse verfeinern. Die Eigelbe mit dem Cognac glattrühren und kurz vor dem Servieren unter das Fondue ziehen.

3. Das Baguette in Würfel schneiden. Zusammen mit Ketakaviar, Forellenkaviar, Fleisch, Lachs und Fisch sowie dem Sahnemeerrettich zu dem Fondue servieren.

Rauchfondue

- Für 4 Personen
- Zubereitungszeit: ca. $^3/_4$ Std.
- ca. 1260 kcal je Portion
- Dazu passen gebratene Spätzle und Röstzwiebeln

300 g Emmentaler, 300 g junger Gouda
250 g schwarzgeräucherter Schinken
1 Bund Frühlingszwiebeln, 1 Zwiebel
1 Knoblauchzehe, Salz, 1 EL Butter
$^1/_4$ l dunkles Bier oder Rauchbier
150 g Crème fraîche
2 EL Speisestärke
gemahlener schwarzer Pfeffer
1 Msp. Zucker
$^1/_2$ TL gemahlener Kümmel
1 Msp. geriebene Muskatnuß
1 TL Worcestershiresauce
2 El Schnittlauchröllchen
1 kleines Bauernbrot

1. Den Käse fein raspeln, den Schinken in kleine Würfel schneiden. Die Frühlingszwiebeln in dünne Scheiben schneiden, die Zwiebel fein hacken. Die Knoblauchzehe in etwa $^1/_2$ Teelöffel Salz zerdrücken.

2. Die Butter in einem Fonduetopf erhitzen und den Schinken darin anbraten. Zwiebeln und Knoblauch zu dem Schinken geben und kurz mitdünsten. Das Bier angießen und aufkochen lassen.

3. Den Käse in den Fonduetopf geben und bei mittlerer Hitze unter ständigem Rühren schmelzen lassen. Danach die Crème fraîche unterrühren. Die Speisestärke mit wenig Wasser anrühren und das Fondue damit leicht binden.

4. Das Fondue mit Salz, Pfeffer, Zucker, Kümmel, Muskat und der Worcestershiresauce abschmecken. Danach den Schnittlauch unterrühren. Das Brot in mundgerechte Würfel schneiden und zum Fondue reichen.

PIKANTES KÄSEGEBÄCK

Ob zum Knabbern, einfach so zwischendurch, oder als Beilage zu Buffets – Käsegebäck findet immer Liebhaber. Sogar zu Suppen und Ragouts können die knusprigen, köstlichen Gebäckstückchen gereicht werden.

Käsekuchen nach Altberliner Art

- Für 4 Personen
- Zubereitungszeit: ca. 1 Std.
- Backzeit: ca. 35 Min.
- ca. 470 kcal je Person
- Dazu paßt ein grüner Salat

125 g Tilsiter
100 g Katenschinken
100 g Halbfettbutter
3 Eier
1 TL Backpulver
100 g Mehl
1 TL Senf
1 EL gehackte gemischte Kräuter
gemahlener weißer Pfeffer
1 TL Speiseöl
1 EL Semmelbrösel
1 Tomate, in Scheiben

1. Den Backofen auf 175 °C vorheizen. Den Käse und den Schinken in kleine Würfel schneiden.

2. Die Butter schaumig rühren. Nacheinander Eier, das mit dem Backpulver vermischte Mehl, Käse, Schinken, Senf, Kräuter und Pfeffer darunterrühren.

3. Eine kleine Kastenform (etwa $^1/_2$ l Inhalt) mit Öl ausstreichen und mit den Semmelbröseln ausstreuen. Die Käsemasse in die Form füllen und im Backofen in etwa 35 Minuten goldbraun backen.

4. Den Kuchen aus der Form stürzen, portionsweise auf Teller verteilen und mit Tomatenscheiben garniert servieren.

Tip:
Wer es herzhafter mag, kann anstelle der Kräuter auch in Butter gedünstete Zwiebelwürfel, die gut abgetropft sind, nehmen.

BRAUCHT ZEIT • **FEIN-WÜRZIG**

Gefüllte Sbrinzherzen

Für 18 Stück

Zubereitungszeit: ca. 1 Std.

Backzeit: ca. 10 Min.

ca. 90 kcal je Stück

Dazu paßt ein Weizenbier

4 Scheiben TK-Blätterteig (ca. 300 g)
2 Eigelb
30 g Salami am Stück
50 g Sbrinz (Schweizer Hartkäse)

1. Die Blätterteigscheiben nebeneinanderlegen und etwa 10 Minuten antauen lassen. Die Eigelbe verquirlen. Die Salami zuerst in hauchdünne Scheiben, dann in Streifen schneiden. Den Käse fein reiben.

2. Den Backofen auf 200 °C vorheizen. Jede Teigplatte auf etwa 13 x 25 cm Größe ausrollen. Aus zwei Teigplatten mit einer Herzform (ca. 7 cm ø) 18 Herzen ausstechen.

3. Die Herzen mit der Hälfte des Eigelbs bestreichen. Den Käse und die Salami darauf verteilen, dabei rundherum $^1/_2$ cm Rand frei lassen.

4. Aus den restlichen Teigplatten nochmals 18 Herzen ausstechen. Die belegten Herzen damit bedecken und die Ränder fest zusammendrücken. Die Oberflächen mit dem restlichen Eigelb bestreichen.

5. Ein Backblech mit kaltem Wasser befeuchten, die Herzen darauf legen und dann 10 bis 15 Minuten backen.
(auf dem Foto: oben)

Tip:
Anstelle des Sbrinz können Sie auch geriebenen Parmesan oder reifen Gouda verwenden.

Käse-Kümmel-Stangen

Für 45 Stück

Zubereitungszeit: ca. 1 Std.

Backzeit: ca. 10 Min.

ca. 50 kcal je Stück

Dazu paßt ein Glas Bier

6 Scheiben TK-Blätterteig (ca. 450 g)
2 Eigelb
100 g geriebener Parmigiano-Reggiano (italienischer Reibekäse)
geriebener weißer Pfeffer
1 TL Kümmel

1. Die Blätterteigscheiben etwa 10 Minuten antauen lassen. Die Eigelbe verquirlen. Den Backofen auf 200 °C vorheizen.

2. Die Teigscheiben auf etwa 15 x 30 cm Größe ausrollen. Drei Teigplatten mit der Hälfte des Eigelbs bestreichen, mit dem Käse und etwas Pfeffer bestreuen und jeweils mit den restlichen Teigplatten abdecken.

3. Aus den zusammengesetzten Teigplatten $1^1/_2$ cm breite und 10 cm lange Streifen ausradeln. Diese mit dem restlichen Eigelb bestreichen und mit Kümmel bestreuen.

4. Die Teigstreifen zu Spiralen drehen, auf ein angefeuchtetes Blech legen und in 10 bis 15 Minuten goldbraun backen.
(auf dem Foto: unten)

Tip:
Sie können anstelle des Parmigiano-Reggiano auch den bekannteren Parmesankäse verwenden.

BRAUCHT ZEIT • WÜRZIG

Käsehütchen

- Für ca. 30 Stück
- Zubereitungszeit: ca. 3/4 Std.
- Zeit zum Ruhen: ca. 1 Std.
- Backzeit: ca. 1/4 Std.
- ca. 85 kcal je Stück
- Dazu paßt ein trockener Rotwein

250 g Mehl, 1 Ei, Salz, 150 g Butter
180 g Schmelzkäseecken mit Salami
1 Eigelb

1. Aus Mehl, Ei, Salz und Butter einen Mürbeteig kneten. Den Teig in Klarsichtfolie wickeln und im Kühlschrank 1 Stunde ruhen lassen.

2. Den Backofen auf 200 °C vorheizen. Den Teig dünn ausrollen und mit einem kreisrunden Förmchen Taler von etwa 6 cm ø ausstechen.

3. Ein Messer in heißes Wasser tauchen und den Käse damit in kleine Würfel schneiden. Diese auf die Plätzchen verteilen. Das Eigelb verquirlen. Jeden Taler fest zu einem Dreispitz zusammenfalten, mit Eigelb bestreichen, auf ein angefeuchtetes Backblech legen und im Backofen in 15 bis 20 Minuten goldbraun backen.

BRAUCHT ZEIT • FEIN-WÜRZIG

Käse-Kräuter-Happen

- Für ca. 40 Stück
- Zubereitungszeit: ca. 1 Std.
- Backzeit: ca. 20 Min.
- ca. 70 kcal je Stück
- Dazu paßt ein Glas Roséwein

250 g Mehl, 1 TL Backpulver
200 g Butter, 250 g Magerquark
75 g Schinkenwürfel
1 kleine gehackte Zwiebel
je 2 EL Petersilie, Dill
und Schnittlauch, gehackt
1 Msp. gemahlener weißer Pfeffer
1/2 TL Salz, 1 TL Butter für das Blech

1. Den Backofen auf 200 °C vorheizen. Das Mehl mit Backpulver, Butter, Quark, Schinken- und Zwiebelwürfeln, Kräutern, Pfeffer und Salz zu einem Teig verkneten.

2. Aus demTeig Rollen von etwa 5 cm Durchmesser formen und etwa 2 cm dicke Scheiben abschneiden. Diese zu Kugeln drehen.

3. Die Teigkugeln auf ein mit der Butter eingefettetes Backblech setzen, in die Mitte je eine Vertiefung drücken. Die Häppchen im Backofen in 20 Minuten goldbraun backen.

Käseschnecken

- Für ca. 60 Stück
- Zubereitungszeit: ca. 3/4 Std.
- Backzeit: ca. 12 Min.
- ca. 30 kcal je Stück
- Dazu paßt ein italienischer Salat

200 g Mehl, Salz
100 g Butter
100 g Schmelzkäse mit Kräutern
1 Eigelb
3 EL Kümmel
1 TL Butter für das Blech

1. Den Backofen auf 200 °C aufheizen. Das Mehl mit etwas Salz, der Butter und dem Käse zu einem glatten Teig verkneten. Den Teig auf einer bemehlten Arbeitsfläche etwa 5 mm dick ausrollen und in schmale, etwa 10 cm lange Streifen schneiden.

2. Das Eigelb mit 1 Eßlöffel Wasser verschlagen. Die Teigstücke damit bepinseln und mit etwas Kümmel bestreuen.

3. Ein Backblech mit der Butter einfetten. Die Teigstreifen zu Schnecken aufrollen, auf das Blech legen und dann im Backofen in 12 bis 15 Minuten goldbraun backen.

Käsedalken

- Für ca. 20 Stück
- Zubereitungszeit: ca. 1 Std.
- Backzeit: ca. 1/2 Std.
- ca. 105 kcal je Stück
- Paßt zu Ragout fin oder Frikassée

250 ml Milch, 60 g Butter, Salz
200 g Mehl, 4 Eier, 4 EL Sahne
100 g geriebener Emmentaler
1 TL Butter, 1 EL Mehl für das Blech

1. Den Backofen auf 200 °C vorheizen. In einem Topf die Milch zusammen mit der Butter und etwas Salz zum Kochen bringen. Dann alles vom Herd nehmen und das Mehl auf einmal hineinschütten. Den Topf wieder auf den Herd stellen und so lange rühren, bis sich der Teig als Kloß vom Topfboden löst.

2. Ein Ei unter den heißen Teig rühren und den Teig abkühlen lassen. Dann die restlichen Eier, Sahne und Käse darunterrühren.

3. Ein Backblech mit Butter einfetten und mit dem Mehl bestäuben. Mit einem nassen Teelöffel kleine Teighäufchen auf das Blech setzen und diese im Backofen in 30 bis 35 Minuten goldgelb backen.

Käsedreispitzchen

- Für ca. 25 Stück
- Zubereitungszeit: ca. 3/4 Std.
- Zeit zum Ruhen: ca. 1 Std.
- Backzeit: ca. 1/4 Std.
- ca. 95 kcal je Stück
- Paßt zu gedünsteten Champignons

250 g Mehl
1 Ei
Salz
125 g Margarine
2 Ecken Schmelzkäse mit Salami (à ca. 65 g)
1 Eigelb
2 EL Sesamkörner
1 TL Margarine für das Blech

1. Das Mehl zusammen mit dem Ei, etwas Salz und der Margarine zu einem glatten Teig verkneten. Den Teig in Klarsichtfolie einwickeln und im Kühlschrank 1 Stunde ruhen lassen.

2. Ein Messer in heißes Wasser tauchen und mit diesem den Käse in kleine Würfel schneiden. Den Teig auf einer bemehlten Arbeitsfläche etwa messerrückendick ausrollen und mit einem kreisrunden Förmchen Taler von etwa 6 cm ø ausstechen.

3. Den Backofen auf 200 °C vorheizen. Das Eigelb mit 1 Eßlöffel Wasser verquirlen. Die Käsewürfel auf den Teigplätzchen verteilen. Jedes Plätzchen zu einem Dreispitz zusammendrücken, mit etwas Eigelb bestreichen und mit Sesamkörnern bestreuen.

4. Das Backblech mit Margarine bestreichen. Die Dreispitzchen auf das Backblech setzen und in 15 bis 20 Minuten goldgelb backen.
(auf dem Foto oben)

Frischkäsebrötchen

- Für 20 Brötchen
- Zubereitungszeit: ca. 1 1/2 Std.
- Backzeit: ca. 20 Min.
- ca. 115 kcal je Brötchen
- Paßt zu Gemüsecremesuppen

500 g Mehl, 1 TL Salz
1 Würfel Hefe, 1/2 TL Zucker
150 g Frischkäse mit Kräutern
1 TL Butter für das Blech
2 EL Mohnsamen
2 EL Sesamkörner
1 EL Sonnenblumenkerne

1. Das Mehl zusammen mit dem Salz in eine Schüssel geben, eine Mulde hineindrücken. Die Hefe zerbröckeln, mit 100 ml lauwarmem Wasser und dem Zucker verrühren und in die Mulde gießen. Die angerührte Hefe mit etwas Mehl verrühren. Den Vorteig zugedeckt 10 bis 15 Minuten gehen lassen.

2. Dann den Frischkäse und weitere 100 ml lauwarmes Wasser dazugeben und alles gut verkneten. Den Teig zugedeckt mindestens 30 Minuten gehen lassen, bis sich sein Volumen verdoppelt hat.

3. Den Backofen auf 200 °C vorheizen. Den Teig erneut durchkneten und zu einer Rolle formen. Die Rolle in 20 gleich große Scheiben schneiden und daraus Kugeln formen.

4. Ein Backblech mit der Butter einfetten und die Teigkugeln darauf setzen. Diese mit einem Messer kreuzweise einritzen, mit Mohn, Sesamkörnern und Sonnenblumenkernen bestreuen und nochmals etwa 15 Minuten gehen lassen.

5. Die Brötchen im Ofen in etwa 20 Minuten goldgelb backen.
(auf dem Foto unten)

SÜSSE KÄSE-TRÄUME

Schon bei dem Gedanken an eine Käsetorte oder an einen frischen Obstsalat mit einer Käsesahnesauce kann einem das Wasser im Munde zusammenlaufen. Lassen Sie sich zu süßen Träumen verführen.

Fruchtsalat mit Ziegenkäsecreme

- Für 6 Personen
- Zubereitungszeit: ca. 1/2 Std.
- Zeit zum Marinieren: ca. 1 Std.
- ca. 350 kcal je Portion
- Dazu paßt ein Glas Rotwein

Für den Fruchtsalat:
36 große Weintrauben
200 g Birnen
2 Kiwis
80 ml Birnennektar
Saft von 1/2 Zitrone
2 EL Honig
2 cl Birnengeist

Für die Creme:
200 g Ziegenfrischkäse
100 g Butter
2 cl Birnengeist

Außerdem:
18 Walnußkernhälften

1. Die Schale von den Weintrauben abziehen und mit einem spitzen Messer die Kerne entfernen. Die Birnen schälen, vierteln, entkernen und in 24 Spalten schneiden. Die Kiwis schälen und in 12 Scheiben schneiden.

2. Den Birnennektar zusammen mit Zitronensaft, Honig und dem Birnengeist in eine Schüssel geben und gut verrühren. Das Obst in eine flache Schale legen, mit der Saftsauce übergießen und etwa 1 Stunde ziehen lassen.

3. Für die Creme den Käse zusammen mit der Butter durch ein Sieb streichen, 2 cl Birnengeist dazugeben und alles gut schaumig rühren.

4. Das Obst auf flachen Tellern anrichten. Die Käsecreme in einen Spritzbeutel mit Sterntülle füllen und in die Mitte des Tellers spritzen. Den Fruchtsalat mit Walnußkernen garnieren.

Variation:

Nehmen Sie anstelle des Ziegenkäses 200 g Stilton (englischer Blauschimmelkäse) ohne Rinde. So erhalten Sie ein besonders pikantes Dessert.

BRAUCHT ZEIT
FEIN-WÜRZIG

Birnen mit Käsefüllung

Zubereitungszeit: ca. 1/4 Std.

ca. 385 kcal je Portion

Dazu paßt ein kräftiger Rotwein

2 reife Williams Christbirnen
100 g Edelpilzkäse
50 g Sahne
1 EL gehackte Haselnüsse

1. Die Birnen waschen, halbieren und die Kerngehäuse herausschneiden. Wenn möglich, die Stiele an je einer Hälfte belassen.

2. Den Käse fein pürieren und mit der Sahne gut verrühren. Die Masse in einen Spritzbeutel füllen, die Höhlung der Birnen damit füllen.

3. Die Birnenhälften auf Teller legen und mit den gehackten Haselnüssen bestreuen.
(auf dem Foto: oben)

Variation:
Exotischer wird es, wenn Sie anstelle der Birnen geschälte, halbierte vollreife Mangos nehmen.

Käserösti mit Pflaumen

Zubereitungszeit: ca. 1/4 Std.

ca. 270 kcal je Portion

Dazu paßt ein Glas Mineralwasser

2 große TK-Rösti, 2–3 EL Apfelmus
2 Scheiben junger Gouda
200 g entsteinte Pflaumen aus dem Glas
einige Zweige Zitronenmelisse

1. Den Backofen auf 180 °C vorheizen. Die Rösti nach Packungsvorschrift auftauen und zubereiten. Anschließend mit dem Apfelmus bestreichen.

2. Auf die Apfelrösti je eine Scheibe Gouda legen, das Ganze auf ein mit Backpapier ausgelegtes Backblech geben und im Backofen überbacken, bis der Käse geschmolzen ist. Dann halbieren und auf Tellern anrichten.

3. Die Pflaumen und etwas Saft zu den Rösti auf die Teller geben und alles mit einem Zweig Zitronenmelisse garnieren.
(auf dem Foto : Mitte)

Obstsalat mit Frischkäse

Zubereitungszeit: ca. 1/2 Std.

ca. 500 kcal je Portion

Dazu passen Dessertwaffeln

1 großer Apfel
1/2 Honigmelone
2 Kiwis
100 g vollreife Erdbeeren
150 g Frischkäse
4 EL Sahne
Salz
gemahlener weißer Pfeffer
einige Brombeeren
1 EL gehackte Pistazienkerne

1. Den Apfel schälen, halbieren, vom Kerngehäuse befreien und in dünne Spalten schneiden. Die Honigmelone entkernen, das Fruchfleisch mit einem scharfen Messer von der Schale lösen und ebenfalls in dünne Spalten schneiden. Die Kiwis schälen und in Scheiben schneiden, die Erdbeeren halbieren. Die Früchte auf Tellern anrichten.

2. Den Frischkäse mit der Sahne gut verrühren und mit wenig Salz und Pfeffer abschmecken. Die Käsesahne über die angerichteten Früchte geben. Die Brombeeren danebenlegen und alles mit den gehackten Pistazienkernen bestreuen.
(auf dem Foto: unten)

SCHNELL • WÜRZIG

SCHNELL • FEIN-WÜRZIG

SCHNELL • FRUCHTIG-MILD

Apfelkäsetorte

- Für 12 Stücke
- Zubereitungszeit: ca. $1^1/_4$ Std.
- Zeit zum Kühlen: ca. 1 Std.
- Backzeit: ca. 40 Min.
- ca. 220 kcal je Stück
- Dazu paßt ein Glas Earl-Grey-Tee

Für den Teig:
150 g Mehl
100 g Butter
50 g Zucker
1 Ei
1 TL Butter für die Form
1 EL Kondensmilch

Für die Füllung:
1 großer Apfel (Boskop)
40 g Sultaninen
1 EL Rum
200 g Frischkäse
75 g saure Sahne
1 TL abgeriebene Zitronenschale
1 Ei
50 g Zucker
2 EL Speisestärke

Außerdem:
1 TL Puderzucker zum Bestäuben

1. Aus Mehl, Butter, Zucker und Ei zügig einen glatten Mürbeteig kneten Danach den Teig etwas ausrollen, in Klarsichtfolie wickeln, zwischen zwei Teller legen und im Kühlschrank etwa 1 Stunde gut durchkühlen lassen.

2. Eine Pieform (etwa 24 cm ø) mit der Butter ausfetten. Die Hälfte des Teiges ausrollen. Die Form damit auslegen, dabei den Teig am Rand hochziehen.

3. Den Backofen auf 170 °C vorheizen. Den Apfel schälen, halbieren, entkernen und in Spalten schneiden. Diese auf dem Teigboden verteilen. Die Sultaninen in einen Topf geben und in wenig Wasser unter der Zugabe von Rum etwa 10 Minuten leicht gar ziehen lassen. Dann gut abtropfen lassen und auf den Apfelspalten verteilen.

4. Den Frischkäse zusammen mit saurer Sahne, Zitronenschale, Ei, Zucker und Speisestärke gut verrühren. Die Käsecreme auf den Apfelspalten verteilen. Den restlichen Teig auf Formgröße ausrollen, auf die Käsecreme legen und am Rand leicht andrücken. Das Ganze mit der Kondensmilch bestreichen.

5. Die Apfelkäsetorte auf der mittlerern Schiene des Backofens in etwa 40 Minuten goldbraun backen. Sie dann herausnehmen und abkühlen lassen.

6. Die Torte vorsichtig aus der Form nehmen und mit dem Puderzucker bestäuben.

Variation:
Anstelle des Apfels und der Sultaninen 200 g entsteinte und abgetropfte Sauerkirschen aus dem Glas auf dem Teigboden verteilen, diese mit der Käsecreme und dem restlichen Teig bedecken und backen. Anschließend mit Puder- oder Hagelzucker bestreuen.

Bunte Mozzarellaspieße

Zubereitungszeit: ca. 1/4 Std.

ca. 415 kcal je Portion

Dazu paßt ein Glas Fruchsaft

200 g Mozzarella
1 Mango
1 Kiwi
1 Karambole (Sternfrucht)
einige Pflaumen
je 100 g blaue und weiße Weintrauben
Erdbeeren nach Belieben
1/4 TL Zitronenpfeffer

1. Den Mozzarella abtropfen lassen und würfeln. Die Mango und die Kiwi schälen, das Fruchtfleisch in mundgerechte Würfel schneiden. Die Karambole in Scheiben schneiden, die Pflaumen entsteinen und vierteln. Von den Erdbeeren die Stielansätze wegschneiden.

2. Die Mozzarellawürfel abwechselnd mit Obststücken und Weintrauben auf Holzspießchen stecken und mit Zitronenpfeffer bestreuen.

Tip:

Die Spieße machen sich auf jeder Käseplatte sehr gut.

Backpflaumen mit Käsecreme

Zubereitungszeit: ca. 1/4 Std.

ca. 260 kcal je Portion

Dazu paßt ein Glas Rotwein

8 entsteinte Backpflaumen
100 g Doppelrahmfrischkäse
1 TL frisch geriebener Meerrettich
1 Msp. Paprikapulver edelsüß
8 Walnußkernhälften

1. Die Backpflaumen mit dem Daumen so eindrücken, daß kleine Schälchen entstehen.

2. Den Frischkäse mit dem Meerrettich und dem Paprikapulver verrühren. Die Käsecreme mit einem Teelöffel gleichmäßig in die Vertiefungen der Backpflaumen geben. Auf die Käsecreme jeweils eine Walnußhälfte drücken.

Variation:

Anstelle des Frischkäses schmeckt auch eine Mischung aus 80 g Roquefort, verrührt mit 2 Eßlöffeln süßer Sahne sehr gut.

Preiselbeerbrotaufstrich

- Zubereitungszeit: ca. 1/4 Std.
- ca. 460 kcal je Portion
- Dazu paßt ein Müslitoast

125 g Doppelrahmfrischkäse
50 g Sahne
2 EL Preiselbeerkonfitüre
1 EL Zitronensaft
1/2 EL Vanillezucker
1 Msp. Zimt
1 TL Rum
1 EL Kirschlikör
1 EL Pinienkerne
1 EL Sonnenblumenkerne
1 EL ungesalzene Pistazien

1. Den Frischkäse mit der Sahne glattrühren. Preiselbeerkonfitüre, Zitronensaft, Vanillezukker, Zimt, Rum und Kirschlikör daruntermischen und alles gut verrühren.

2. Pinienkerne, Sonnenblumenkerne und Pistazien fein hacken und unter den Frischkäse rühren. Den Brotaufstrich gekühlt servieren.

Variation:
Anstelle der Preiselbeerkonfitüre kann auch eine Waldfruchtkonfitüre genommen werden.

Fritierte Trauben in Käse-Bier-Teig

- Zubereitungszeit: ca. 1 Std.
- ca. 625 kcal je Portion
- Dazu paßt ein grüner Salat

Für den Teig:
100 g mittelalter Holland-Gouda
80 g Mehl, 70 ml Bier
1 Ei (getrennt), 1 Msp. Salz

Außerdem:
je 200 g grüne und blaue Weintrauben
500 g Kokosfett zum Ausbacken

1. Den Käse reiben. Aus Mehl, Bier, 60 ml Wasser, Eigelb, Salz und Käse einen glatten Teig rühren. Etwa 30 Minuten quellen lassen.

2. Die Weintrauben mit den Stielen in kleine Reben mit etwa 5 Beeren teilen. Das Eiweiß zu Schnee schlagen und unter den Teig heben

3. Das Fett in einem Topf erhitzen. Die Weinreben einzeln durch den Teig ziehen, kurz abtropfen lassen und in dem Fett schwimmend goldbraun ausbacken. Mit einem Schaumlöffel aus dem Fett nehmen, auf Küchenkrepp abtropfen lassen und sofort heiß servieren.

Zimtcamembert

- Zubereitungszeit: ca. 1/2 Std.
- ca. 750 kcal je Portion
- Dazu paßt Baguettebrot

1 Camembert
1 Ei
1 EL Kondensmilch
5 EL Semmelbrösel
1 TL Zimt
1 EL Butter
1 EL Zucker
100 g Preiselbeerkompott
50 ml Rotwein
1/2 EL Vanillezucker
2 cl Kirschlikör
1 Msp. Koriander
1 Msp. Anis
1/2 l Öl oder Fritierfett
1 Apfel, in Scheiben

1. Den Camembert in mundgerechte Stücke schneiden. Das Ei mit der Kondensmilch verquirlen, die Semmelbrösel mit Zimt vermischen. Die Käsestücke erst in das Ei tauchen, dann in den Semmelbröseln wenden.

2. Die Butter in einer Pfanne erhitzen und den Zucker darin karamelisieren. Preiselbeerkompott, Rotwein, Vanillezucker, Kirschlikör, Koriander und Anis dazugeben und alles aufkochen lassen.

3. Das Öl oder Fritierfett in einem Fonduetopf erhitzen und die Käsestücke darin ausbacken, dabei jeweils eine Apfelscheibe mitbacken. Den Käse auf den Apfelscheiben anrichten und mit dem Preiselbeerkompott überziehen.

EINFACH GUT

Jeder Titel mit 64 Seiten, ca. 50 Farbfotos, kartoniert.

DM 9,90, S 79,–, SFr 10,90
ISBN: 3-8068-**1293**-4

DM 9,80, S 79,–, SFr 10,80
ISBN: 3-8068-**1294**-2

DM 9,80, S 79,–, SFr 10,80
ISBN: 3-8068-**1331**-0

DM 9,80, S 79,–, SFr 10,80
ISBN: 3-8068-**1408**-2

DM 9,80, S 79,–, SFr 10,80
ISBN: 3-8068-**1417**-1

DM 9,80, S 79,–, SFr 10,80
ISBN: 3-8068-**1404**-X

In der Reihe EINFACH GUT sind ebenfalls erschienen:

Waffeln
DM 9,80, S 79,–, SFr 10,80
ISBN: 3-8068-**1296**-9

Italienische Küche
DM 9,90, S 79,–, SFr 10,90
ISBN: 3-8068-**1299**-3

Vegetarisches aus dem Wok
DM 9,80, S 79,–, SFr 10,80
ISBN: 3-8068-**1412**-0

Cocktails & Drinks
DM 9,80, S 79,–, SFr 10,80
ISBN: 3-8068-**1292**-6

Kartoffelgerichte
DM 9,90, S 79,–, SFr 10,90
ISBN: 3-8068-**1297**-7

Köstliches aus dem Tontopf
DM 9,80, S 79,–, SFr 10,80
ISBN: 3-8068-**1332**-9

Fritieren
DM 9,80, S 79,–, SFr 10,80
ISBN: 3-8068-**1350**-7

Fernöstliche Küche
DM 9,80, S 79,–, SFr 10,80
ISBN: 3-8068-**1384**-1

Das essen Kinder gern
DM 9,80, S 79,–, SFr 10,80
ISBN: 3-8068-**1405**-8

Longdrinks
DM 9,80, S 79,–, SFr 10,80
ISBN: 3-8068-**1345**-0

Quiches, Tartes
DM 9,80, S 79,–, SFr 10,80
ISBN: 3-8068-**1407**-4

Fondues
DM 9,90, S 79,–, SFr 10,90
ISBN: 3-8068-**1298**-5

Rezeptverzeichnis

Die Deutsche Bibliothek – CIP-Einheitsaufnahme

Kochen und Backen mit Käse / Frank Stein (Hrsg.) – Niedernhausen/Ts. : FALKEN, 1994
(Einfach gut)
ISBN 3-8068-1451-1
NE: Stein, Frank (Hrsg.)

ISBN 3 8068 1451 1

Umschlaggestaltung: Peter Udo Pinzer
Gestaltungskonzeption: Christa-Johanna Gramm
Titelbild: CMA/IPR&O, Bad Godesberg (Rezept S. 30)
Fotos: S. 34 l.: becel/MasterMedia; S. 33: Birkel/Köhnen; S. 16, 17, 37 u., 39, 53 u.: Bresso/Ketchum PR; S. 20, 21, 31 o., 35 l.: CMA/IPR&O; S. 43 u., 53 o.: Deutsche Lebensmittel Union; S. 7, 10 l., 19 o., 25, 28, 29, 37 o., 47: Du darfst/Segmenta PR; S.10 r., 11, 13, 14, 19 u., 24, 40 r., 59, 60 l.: Kraft General Foods; S. 35 r., 38, 41 l., 61 r.: Niederl. Büro f. Milcherzeugnisse; S. 9, 27 u., 41 r., 57: Sopexa/Ges. Europ. Kommunikation; S. 32: USA Sonnenblumenkerne/Ketchum PR;
alle anderen Fotos: FALKEN Archiv
Produktion: Dr. Reitter & Partner GmbH, Vaterstetten
Satz: Dr. Reitter & Partner GmbH, Vaterstetten
Druck: Interdruck GmbH, Leipzig

817 2635 4453 6271